„Jedes System, jedes Produkt
und jede Geschäftsidee
braucht einen Menschen,
der den Kern der Botschaft transportiert
und das ‚Baby' zum Laufen bringt"

2. Auflage
© 2020 REKRU-TIER GmbH, München

Covergestaltung: REKRU-TIER GmbH, München
Lektorat, Layout und Satz: Bernhard Edlmann
Verlagsdienstleistungen, Raubling

ISBN 978-3-941412-62-0

Tobias Schlosser

Das ultimative
PITCH-KOMPENDIUM
30 Sekunden – So überzeugen Sie jeden

www.rekrutier.de
Rekru-Tier

Der Autor

Bei meiner Firma REKRU-TIER bin ich das „Gesicht nach außen". Als Speaker und Praxiscoach für Direct Recruiting und Geschäftsaufbau im Network-Marketing begeistere ich im Moment auf unseren Seminaren, Events und Praxisworkshops zum Thema Geschäftspartnergewinnung jeden Monat ca. 1500 Menschen aus der Direktvertriebsindustrie! Als Berater und Coach vieler renommierter nationaler und internationaler Unternehmen der Branche habe ich mir in den letzten zehn Jahren einen ausgezeichneten Namen gemacht. Mein Unternehmen ist im deutschsprachigen Raum Marktführer in den Bereichen Know-how-Transfer, Vertriebsausbildung und strategischer Geschäftsaufbau im MLM/ Network-Marketing.

Tobias Schlosser

Inhalt

Menschen fürs Geschäft begeistern – aber wie?

Liebe Freunde,

wir arbeiten im Network-Marketing oder auch Multilevel-Marketing in einer Branche, die vor allem Quereinsteigern und Menschen ohne spezielle Ausbildung in Verkauf/Vertrieb und Leadership fantastische Möglichkeiten gibt, eine neue berufliche Heimat zu finden. Vielen solchen Leuten hat diese Industrie bereits zu gutem Zusatzeinkommen, beachtlichem Wohlstand und einer tollen Lebensqualität verholfen.

Aus meiner Sicht sind es allerdings immer noch zu wenige, denen das gelungen ist, und einer der Gründe dafür liegt, glaube ich, darin, dass die meisten Networker ihrem Geschäft zu wenig Respekt zollen.

Ja, Sie haben richtig gelesen. Mit zu wenig Respekt meine ich Folgendes: Viele Kollegen sind zwar eifrig bemüht, dieses Geschäft zu betreiben, in dem es seit jeher darum geht, Menschen durch das gesprochene Wort zu begeistern und durch zwischenmenschliche Kommunikation mit Hilfe von Sprache zu überzeugen. In der Praxis tun sie aber genau das Gegenteil.

Worum geht es mir dabei konkret? Eine erschreckende Tatsache ist, dass immer mehr Networker

Immer mehr Networker betreiben zwar dieses Geschäft, wollen aber nicht mit ihren Bekannten und Freunden darüber reden

zwar dieses Geschäft betreiben, aber nicht mit ihren Bekannten und Freunden darüber reden wollen. Viele sprechen erstens nicht gerne über ihre Geschäftsidee, weil sie sich nicht trauen, und zweitens, wenn sie es dann doch tun, fällt ihnen relativ wenig ein. Außer ein paar nebulösen und nicht gerade selbstbewussten Phrasen, mit denen man vielleicht vor 20 Jahren noch jemanden hinter dem Ofen vorlocken konnte, kommt da oft recht wenig rüber an verwertbaren Informationen.

Kommunikation außerhalb des warmen Marktes: nur vermeintlich die „leichtere Variante"!

Noch schlimmer wird es, wenn man dann den warmen Markt verlässt, in dem übrigens jeder Networker sein Geschäft starten sollte, und mit Leuten spricht, zu denen jeglicher emotionale Bezug fehlt. (Kleine Anmerkung am Rande: Der emotionale Bezug zum warmen Markt ist es, der das Geschäft für Neustarter wesentlich erleichtert, denn der Vertrauensvorschuss und persönliche Bezug zu Menschen wie Familienmitgliedern, Freunden oder Arbeitskollegen wiegt in der Tat die eine oder andere Wissenslücke beziehungsweise Unpässlichkeit im Bereich der klaren und unmissverständlichen Kommunikation auf.)

Im Glauben, dass fremde Menschen leichter zu überzeugen wären, macht man sich dann auf den Weg, um mit teilweise holprigem Geplapper

gebildete und lebenserfahrene Zeitgenossen zu „überzeugen". Allerdings ist das nicht ganz so einfach, denn unsere Welt ist schnelllebig und hochtechnisiert, und die Interessenten von heute haben Ansprüche und eine Erwartungshaltung. Das heißt, die meisten Menschen sind es gewohnt, dass auf gutem bis hohem Niveau mit ihnen kommuniziert wird, und nicht, dass man vom Berater im Network-Marketing auf die Frage, worum es denn bei diesem Geschäft geht, zu hören bekommt, das könne man gar nicht so leicht erklären. Sie wollen auch auf Nachfrage, was man denn genau tun müsse, um erfolgreich zu werden, nicht lediglich den Satz hören: „Einfach nur mit Leuten reden".

Die Angesprochenen haben Ansprüche!

Was braucht es, damit Sie von einem anderen Menschen überzeugt sind, dem Sie sich möglicherweise anschließen sollen?

Unsere Aufgabenstellung: die eigene Tätigkeit kurz erklären

Auf unserem Seminar „Direktkontakt – Die Offenbarung eines Mythos" gehört es zum Programm, dass ich die Teilnehmer darum bitte, mir eine Antwort auf die Frage zu geben, was sie denn beruflich machen (ich meine in diesem Fall natürlich den Beruf des Networkers), oder aber, worum es in ihrem Geschäft genau geht.

Die Reaktionen sind unterschiedlich, aber in Summe alle durchweg unbefriedigend. Da kommen Aussagen wie: „Das ist gar nicht einfach zu erklären", „Da brauchen wir mal eine Stunde Zeit, denn es ist kompliziert und etwas umfangreicher!" In den schlimmsten Fällen wissen die Leute gar nicht, was sie darauf antworten sollen, und sind etwas verlegen.

Die Erklärung, worum es in unserem Beruf geht: offenbar ein Problem für viele Networker

Ja, den meisten fehlt schlicht und ergreifend der eine, einfache Satz, der schon so vieles erklärt:

🗨 *Ich bin NETWORKER/Vertriebler/Unternehmer im Bereich ...*

Versetzen Sie sich doch mal in die Lage eines Angesprochenen, oder besser noch, tun sie einfach mal so, als würden Sie von jemandem

11

Ich habe noch **kein MLM-Produkt** oder **MLM-System** gesehen, das sich **selbst verkauft**

angesprochen! Welchen Anspruch hätten Sie? Welche wären die Kriterien, die Sie ansetzen würden, damit Sie von jemandem überzeugt sind?

Und da sind wir genau bei einem essenziell wichtigen Stichwort. Ich habe *nicht* gefragt: Was braucht es, damit Sie von einem Produkt, einer Firma oder einem Geschäft überzeugt sind? Ich habe gefragt: Was braucht es, damit Sie *von einem anderen Menschen* überzeugt sind, dem Sie sich möglicherweise anschließen sollen?

Das ist nämlich der Part, an den ein Großteil unserer Branchenkollegen/innen überhaupt nicht denkt.

Fragen Sie sich: Wie müsste sich Ihr Gesprächspartner verhalten, um Sie zu überzeugen?

Merke: Ein Produkt und/oder Geschäft ist immer nur so gut – oder auch schlecht – wie derjenige, der es erklärt. Jedes System, jedes Produkt und jede Geschäftsidee braucht einen Menschen, der den Kern der Botschaft transportiert und das „Baby" zum Laufen bringt.

Auch wenn ich mich jetzt wieder auf dünnes Eis begebe und möglicherweise die Traumschlösser einiger Leser zerstöre: Ich habe noch kein MLM-Produkt oder -System gesehen, das sich selbst verkauft.

Ich weiß natürlich, dass es bei Ihnen anders ist, weil Sie wirklich das beste Produkt haben. Aber warum hatten Sie dann im letzten Monat nicht mehr Umsatz ...? ☺

Das Bindeglied zwischen dem Produkt/System und dem Kunden bzw. Geschäftspartner ist ein kommunikativer Mensch – Sie!

Wir halten also fest: Es gibt ein Bindeglied zwischen dem Produkt/System einerseits und dem Kunden bzw. Geschäftspartner andererseits, und das ist ein kommunikativer Mensch. Das sind Sie!

Doch zurück zum Problem ...!
Ich stelle mir nun die Frage: Wie soll denn das funktionieren, ein Geschäft aufzubauen, über das man nicht reden kann, einen Beruf auszuüben, der schwer erklärungsbedürftig ist, oder am Ende gar nicht zu wissen, wie man das Ganze in Worte fassen soll? Insbesondere wenn man andere überzeugen und für eine Partnerschaft gewinnen möchte ...?

Nur damit wir uns an dieser Stelle richtig verstehen: Ich spreche noch nicht mal nur von Neustartern im Network, die sich so verhalten. Nein, ich rede von Menschen, die teilweise ein, zwei oder noch mehr Jahre in der Branche sind und sich selbst nach so langer Zeit der Zugehörigkeit immer noch um Kopf und Kragen stammeln oder nebulöse und teilweise sehr fragwürdige Phrasen von sich geben, wenn man sie zu ihrer Tätigkeit befragt.

Ich rufe Ihnen allen an dieser Stelle aus vollem Herzen zu: Leute, das darf so nicht sein. Das geht nicht! Nicht wenn man dieses Geschäft ernsthaft betreiben und vor allem von anderen als gleichwertiger Gesprächspartner auf Augenhöhe und nicht als Laienunternehmer wahrgenommen werden will.

Ich kenne Bäcker, die mit stolzgeschwellter Brust von ihrem Job berichten, Briefträger, die eine Ode auf ihren Berufsstand singen, Schweißer, die eigentlich nicht reden müssen, um ihre Aufgabe gut zu erfüllen, aber trotzdem wortreich und begeistert über ihre Arbeit erzählen. Und was ist mit uns Networkern und Vertrieblern? Wir wissen oftmals nicht, was wir sagen sollen!

Ich schreibe das an dieser Stelle auch deswegen, um bewusst zu machen, dass wir im Network-Marketing alle daran arbeiten müssen, als vollwertige Unternehmer wahrgenommen zu werden, damit die Branche den Stellenwert eingeräumt bekommt, der ihr gebührt. Nämlich einen sehr hohen!

Wir müssen im Network-Marketing alle daran arbeiten, als vollwertige Unternehmer wahrgenommen zu werden ...

Das geht aber nur, wenn wir uns auch professionell verhalten und uns, falls noch nicht vorhanden, schnellstmöglich auch die entsprechenden kommunikativen Fähigkeiten bzw. das sprachliche Rüstzeug zulegen, um zu bestehen.

... und müssen uns die entsprechenden kommunikativen Fähigkeiten zulegen, um zu bestehen

15

Oder würden Sie sich von einem Arzt behandeln lassen, der sagt: „Mein Beruf ist schwer zu erklären"? Würden Sie Ihr Auto von einem Mechaniker reparieren lassen, der sagt: „Ich weiß auch noch nicht so genau, ob das überhaupt mein Ding ist"? Oder Ihre Steuerangelegenheiten von jemandem regeln lassen, der sich nicht so ganz sicher ist?

Sicherlich nicht, und genauso geht es auch anderen Menschen, wenn sie auf uns Networker treffen.

Von wem auf der Welt will man denn verlangen, dass er sich jemandem anschließt, der nicht mit ein paar Worten kurz und knackig erklären kann, was er tut? Das kann doch nur Verunsicherung auf der anderen Seite hervorrufen.

Wir können von niemandem verlangen, sich uns anzuschließen, wenn wir nicht mit ein paar Worten kurz und knackig erklären können, was wir tun

Einige Branchenkolleg(inn)en bringen an dieser Stelle gerne das Argument: Ich brauche das nicht zu erklären, das macht meine Upline beziehungsweise Führungskraft für mich. Oder aber: Da haben wir eine Onlinepräsentation, die alles erklärt.

Alles schön und gut, Leute, aber das ist Bullshit! Denn eine Upline ist nicht ein Leben lang da, um für die anderen im Team das Geschäft zu erklären, und wenn die Onlinepräsentation mal ausfällt, dann muss man als Networker in der Lage sein, die Botschaft persönlich zu transportieren, und zwar aus dem Effeff. Sie müssen das

vielleicht nicht gleich am Anfang Ihrer Tätigkeit können, aber so bald als möglich. Da muss ganz einfach immer Ihr Anspruch sein.

Das, was wir dafür brauchen, sind das richtige Wording, Sicherheit, Routine und Überzeugungskraft. Diese Dinge stellen sich nur ein, wenn man als „Maularbeiter" sein Handwerkszeug beherrscht, und dazu gehört nun mal als Basis eine vernünftige „Elevator-Pitch". Am besten mehrere, noch besser für jede Lebenssituation eine und am allerbesten für jeden Persönlichkeitstyp die richtige …! ☺

Basis des Handwerkszeugs jedes Networkers ist eine vernünftige „Elevator-Pitch" – oder, noch besser, mehrere

Ja genau, ich meine den einen, oder eben auch mehrere knackige Sätze, mit denen jeder Recruitingprozess beginnt. Den Satz, mit dem wir uns den anderen möglichst hochinteressant vorstellen. So wie sich das gehört im Geschäftsleben!

Doch was ist damit gemeint?

– das ist der Satz, mit dem jeder Recruitingprozess beginnt und mit dem wir uns den anderen möglichst hochinteressant vorstellen

Die Grundprinzipien

Da man Network-Marketing an sich in seiner Komplexität nicht in einem Satz erklären kann (ja, das ist mir wohl bewusst), sollte man wenigstens das entsprechende *Wording* parat haben, um zumindest die Tätigkeit und/oder das Aufgabenprofil in dieser Branche zu erklären.

Das Muster: Die Tätigkeit erklären wie jeder Angehörige einer anderen Berufsgruppe auch

Für mich persönlich hat es sich in dieser Hinsicht absolut bewährt, nach folgendem Muster vorzugehen: Auf die Frage, worum es geht oder was es zu tun gibt, antworte ich ganz profan in einer Art und Weise, wie es jeder normale Angehörige einer anderen Berufsgruppe auch tun würde.

Beispiele:

💬 *Mein Name ist Tobias Schlosser, ich bin angestellter Maurer im Baugewerbe. Da wir momentan am Bau Hochsaison haben, suchen wir noch zusätzliche Maurer auf Stundenbasis zur Aushilfe.*

💬 *Ich bin Unternehmsberater in der Konsumgüterbranche. Im Moment gibt es einen akuten Bedarf an Beratungen in diesem Segment. Was hältst du davon, dich in diesem Bereich weiterzuqualifizieren? Hier lassen sich mittelfristig tolle Gehälter verdienen.*

● *Ich bin Krankenschwester mit Schwerpunkt Intensivmedizin. Da immer mehr Menschen Unfälle haben und im Straßenverkehr zu Schaden kommen, ist unser Berufsbild absolut zukunftsträchtig. Hast du schon mal drüber nachgedacht, in einem solchen Beruf zu arbeiten? Hier kann man direkt sehr vielen Menschen helfen, und dieser Job genießt auch hohes soziales Ansehen.*

● *Ich bin als Feldwebel bei der Bundeswehr tätig. Wir sind eine spezielle Einheit, die sich hauptsächlich um Versorgung und medizinische Dienste kümmert. Bei uns gibt es die unterschiedlichsten Aufgabenprofile von der Planung über Logistik bis hin zur Teamkoordination beim Krisenmanagement.*

Das Grundgerüst ist also total banal, und man braucht es genialerweise nur als Vorlage zu nehmen und die entsprechenden Begrifflichkeiten zu ergänzen, die das Tätigkeits- bzw. das Aufgabenprofil eines Networkers ausmachen.

Ach so, eine kleine Anmerkung noch am Rande. Egal ob sanftes Empfehlungsmarketing oder straff organisierter Strukturvertrieb: Beim MLM handelt es sich grundsätzlich um eine Tätigkeit im Vertrieb. Das heißt ganz konkret, wir vertreiben Produkte oder Dienstleistungen über Strukturen

„Man braucht lediglich die **Produkte weiterzuempfehlen,** und dann wird man irgendwann erfolgreich und ein **passives Einkommen aufbauen.** "

Das hört sich **charmant** an, entspricht aber leider **nur bedingt den Tatsachen**

bzw. über Netzwerke von Endkonsumenten. Deswegen kann und sollte man auch Begrifflichkeiten verwenden, die die Tätigkeit eines Vertrieblers be- oder umschreiben, ob sanft oder etwas direkter, sei an dieser Stelle dahingestellt.

Verwenden Sie Begrifflichkeiten, die die Tätigkeit eines Vertrieblers be- oder umschreiben

Ich weiß, dass es vielen gar nicht so bewusst und geläufig ist, wo sie eigentlich „angeheuert" haben und worin in Zukunft ihre Tätigkeit besteht, weil sie da mal gehört haben: Man braucht lediglich die Produkte weiterzuempfehlen, und dann wird man irgendwann erfolgreich und ein passives Einkommen aufbauen.

Das hört sich natürlich recht charmant an, entspricht aber leider nur bedingt den Tatsachen, bzw. es beschreibt nur einen kleinen Teil der Aufgaben, die es wirklich zu erledigen gibt – vor allen Dingen wenn man es auf lange Sicht betrachtet.

Sicher ist das Empfehlen von Produkten/Dienstleistungen der essenzielle Part dieser Geschäftsform. Um jedoch top erfolgreich zu sein, bedarf es einer Entwicklung weg vom Produktexperten, hin zum Menschenexperten und zur Top-Führungskraft.

Wer im Network top erfolgreich werden will, muss mehr tun als nur empfehlen – er muss Menschenexperte und Top-Führungskraft werden

Was wir also tun müssen, um uns hochinteressant vorzustellen, wenn wir mit anderen kommunizieren: den aktuellen Status quo und/oder spätere

Status quo und/oder zukünftige Karrierestufe kennen und das entsprechende „Aufgabenprofil" beschreiben

Karrierestufen des zukünftigen Partners zu kennen und das entsprechende „Aufgabenprofil" zu beschreiben.

Aus meiner Sicht sind die Karrierelevel in jedem MLM- oder Struktursystem bis auf geringfügige Abweichungen immer gleich.

Auch wenn sie mittlerweile teils exotische Namen oder Bezeichnungen haben, so kann man, glaube ich, sagen, dass man die Tätigkeitsschwerpunkte immer in nachfolgende sechs Level aufteilen kann.

Karrierelevel in MLM- oder Struktursystemen

■ **Level 1:** Verkäufer/Berater/Empfehler/Consultant/Tippgeber

■ **Level 2:** Qualifizierte Führungskraft mit angehender Führungsverantwortung

■ **Level 3:** Teamleiter/Teambetreuer/Gruppenleiter

■ **Level 4:** Führungskraft mit Ausbildungsverantwortung, Coach, Teamcoach, Gruppenbetreuer

■ **Level 5:** Teammanager mit Leadershipverantwortung

■ **Level 6:** Manager für Personal und Geschäftsentwicklung/Human Ressources Management and Businessbuilding

Das hört sich doch schon mal ganz gut an, und ich bin mir sicher, der eine oder andere wird schon für dieses kleine bisschen Klarheit dankbar sein. Alleine aus dem Grund, weil man sich eben nur mit Dingen identifizieren kann, die man kennt.

Selbst wenn diese Begrifflichkeiten jetzt für einige noch etwas ungewohnt und befremdlich wirken, sind sie doch zumindest klar definiert und immer noch besser, als zu sagen: „Ich weiß eigentlich gar nicht, welche Rolle ich gerade in diesem System/dieser Geschäftsform spiele und wohin die Reise in Zukunft gehen soll."

Bausteine für Ihre Pitch

Hier kommen nun die sechs grundsätzlichen Standardpunkte, die in Ihrer Vorstellungspitch enthalten sein sollten.

Insbesondere werden Sie feststellen, dass ich in Punkt 6, wie schon erwähnt, empfehle, das Aufgabenprofil zu kommunizieren.

Die sechs Standardpunkte einer Vorstellungspitch

1 Wer bist du?

- *Ich heiße Tobias Schlosser.*
- *Ich bin Unternehmer.*
- *Ich bin selbstständig im Bereich ...*
- *Ich bin Consultant für ...*

2 Für wen bist du tätig?

- *Mein Partnerunternehmen ist ...*
- *Mein Kooperationspartner ist ...*
- *Das Unternehmen, dem ich als Unternehmer angeschlossen bin ...*
- *Ich bin der Firma ... angeschlossen.*
- *Ich arbeite für eine Firma/einen Konzern/ein Unternehmen namens ...*
- *... ein deutsches Familienunternehmen/ein amerikanischer Konzern/eine weltweit agierende Schweizer Firma/ein international tätiger Firmenverbund/eine ursprünglich aus den Vereinigten Staaten stammende Firma ...*

3 In welcher Branche engagierst du dich?

💬 *Wir sind in der ...-Branche tätig.*

💬 *Wir arbeiten auf dem Markt für/der ...*

💬 *Unser Geschäftsfeld ist die/der ...*

💬 *Ich bin im ...-Geschäft aktiv.*

4 Was hast du mit dem Gesprächspartner/Angesprochenen vor oder welche Idee der Zusammenarbeit gibt es?

💬 *Ich spreche dich an, weil wir uns im Moment geschäftlich erweitern.*

💬 *Der Grund, warum ich dich anspreche, ist: Wir machen gerade ein großes Personalcasting hier in der Region.*

💬 *Der Grund meiner Ansprache ist der, dass ich ...*

💬 *Ich muss einfach mal mit dir reden, weil ich der Meinung bin, dass ...*

💬 *Ich spreche mit interessanten Menschen über unsere Geschäftserweiterung ...*

5 Was wird er/sie davon haben, wo könnte der Nutzen liegen?

💬 *Was hältst du davon, wenn wir uns mal zusammensetzen und uns über ...*

▪ *eine geschäftliche Zusammenarbeit*

▪ *einen guten Zusatzverdienst*

▪ *ein tolles Nebeneinkommen*

▪ *eine supergeniale Berufschance*

- eine fantastische Einkommensmöglichkeit
- eine revolutionäre Geschäftsidee
- ein Existenzsicherungsmodell speziell für ...
- eine Möglichkeit, nebenberuflich Karriere zu machen
- eine bisher noch relativ unbekannte Einkommensquelle
- ein zweites Standbein
... unterhalten?

6 Was gibt es eventuell für ihn/sie zu tun?

💬 Wir suchen/casten hier noch Leute für die Bereiche:

- Beratung, Service und Verkauf
- Teambetreuung
- Teamorganisation
- Vorbereitung und Durchführung von Schulung und Ausbildung
- Personalmarketing
- Mittleres Führungsmanagement mit internationaler Ausrichtung
- Organisation und Durchführung von Produktpartys
- Ausbildung und Qualifikation
- Unterstützung neuer Berater
- Human Resources Management
- Businessbuilding
- Business Development
- Aufklärung von Menschen im Bereich ...

Wie Sie sicher bemerkt haben, beziehen sich die Aussagen, was es zu tun gibt, auf die sechs oben (Seite 22) bereits erwähnten Tätigkeitslevel.

Das ist doch wirklich ganz simpel, oder? Was aus meiner persönlichen Sicht noch simpler ist: sich einmal ein oder zwei Tage hinzusetzen und ein paar Pitches zu erarbeiten, diese zu Papier zu bringen und dann im Zweifelsfalle ein ganzes Networkerleben lang zu benutzen. Das nennt man autodidaktisches Arbeiten.

Erarbeiten Sie ein paar Pitches, bringen Sie diese zu Papier und benutzen Sie sie – im Zweifelsfalle ein ganzes Networkerleben lang

An dieser Stelle fangen vielleicht einige an zu stöhnen, die gedacht haben, sie würden lediglich dreimal in die Hände klatschen, und Gott und die Welt würden sich in Heerscharen in ihrem Team einschreiben. „Jetzt sollen wir uns auch noch hinsetzen und das alles aufschreiben", werden sie sagen.
Ja, wir reden hier von Arbeit und Lernen, genauso wie früher in der Schule oder in der Ausbildung. Allerdings ist das Ganze ja keine wirkliche Anstrengung, verglichen mit den Anforderungen in körperlich schweren Berufen oder auch dem Lernaufwand in einem Studium.

Was wir wissen müssen: Die Handwerkszeuge eines Networkers sind völlig simpel und turboschnell erlernbar. Auch die „Elevator Pitch".

Beispielpitches

Hier einige Standardpitches zu Ihrer Inspiration:

💬 *Ich bin selbstständiger Unternehmer hier in der Region. Und zwar arbeite ich im Gesundheitsbereich in Kooperation mit der Firma ... Wir sind derzeit dabei, einen neuen Geschäftsbereich aufzubauen. Dafür suchen wir Leute mit gutem organisatorischen Geschick und gutem Feeling im Umgang mit Menschen. Die Aufgaben wären Teambetreuung, Teamorganisation, Vorbereitung und Durchführung von Schulung und Ausbildung, mittelfristig geht es auch um eine Aufgabe im Coachingbereich. Ich hatte da spontan an dich gedacht!*

💬 *Ich bin nebenberuflich selbstständig im Sektor ... Wir sind derzeit dabei, einen bereits bestehenden Businessbereich personell um zusätzliche talentierte Geschäftspartner zu erweitern. Wäre es interessant für dich, ein zweites Standbein oder guten Zusatzverdienst aufzubauen und beruflich mal über den Tellerrand hinauszuschauen?*

💬 *Ich leite einen kleinen/großen Vertrieb im Bereich ... Im Moment haben wir alle Hände voll zu tun und suchen deshalb personelle Verstärkung. Wir erweitern unser Team in drei*

unterschiedlichen Bereichen. Zum einen benötigen wir Partner, die – bei guter Bezahlung – in der Beratung, im Service und im Verkauf tätig sind. Nach kurzer Einarbeitungszeit gibt es die Möglichkeit, in die Teamleitung aufzusteigen/ zu wechseln und mittelfristig auch ins mittlere Führungsmanagement mit internationaler Ausrichtung.

> „Nach kurzer Einarbeitungszeit gibt es die Möglichkeit, in die Teamleitung aufzusteigen und mittelfristig auch ins mittlere Führungsmanagement mit internationaler Ausrichtung"

💬 Ich bin Business- und Lifestylecoach und immer auf der Suche nach talentierten und karriereorientierten Menschen. Wenn Thema und Bezahlung stimmen, wärst du dann offen für einen lukrativen Zusatzverdienst?

💬 Schon seit Jahren/seit Längerem beschäftige ich mich mit dem Thema Erfolg und alternativen Lebens- und Einkommensmodellen. Ich habe beschlossen, auch andere an meiner Erfahrung teilhaben zu lassen, und baue im Moment ein Team von Menschen auf, die noch Ziele im Leben haben und die sich mit Spaß und bei freier Zeiteinteilung einen tollen Zusatzverdienst sichern möchten.

💬 Ich bin Repräsentant der Firma ... Wir expandieren gerade hier in der Region und bauen ein flächendeckendes Netz von neuen Büros/Filialen auf. Wir suchen Menschen mit Führungsqualitäten, die uns beim Aufbau neuer Teams, beim

Recruiting und bei der Ausbildung zukünftiger Vertriebspartner unterstützen können. Bist du offen für eine verantwortungsvolle und außergewöhnlich gut bezahlte Aufgabe?

💬 *Ich bin Unternehmer unter dem Dach einer namhaften Firma im Bereich ... Wir arbeiten in einem sehr innovativen und vor allem zukunftsträchtigen Geschäftsmodell und geben interessierten Menschen die Möglichkeit, Unternehmer im Unternehmen zu sein, ohne die sonst in so einem Fall üblichen Risiken und Investitionen tragen zu müssen. Das Ganze funktioniert auch für Quereinsteiger aus anderen Branchen.*

„Ich suche Menschen, die dem Hamsterrad eines normalen Angestelltenverhältnisses entfliehen möchten und Interesse am Aufbau einer selbstbestimmten beruflichen Zukunft haben"

💬 *Ich bin im Nebenberuf selbstständig und gerade dabei, mein Geschäft zu erweitern. Ich suche dafür Menschen, die dem Hamsterrad eines normalen Angestelltenverhältnisses entfliehen möchten und Interesse am Aufbau einer selbstbestimmten beruflichen Zukunft haben. Auch im Nebenberuf sind dabei Einkommen möglich, wie sie sonst nur Vollzeitbeschäftigte erzielen.*

💬 *Ich bin Personalverantwortlicher der Firma ... Wir machen gerade hier in der Region ein großes Personalcasting und geben interessierten Menschen die Möglichkeit, unser Unternehmen kennenzulernen und die Einkommensmöglichkeiten,*

die sich bei uns bieten. Besonders geeignet ist diese Tätigkeit als Nebenjob und um das eine oder andere Loch in der Haushaltskasse auszubügeln.

💬 Ich bin Spezialist für intelligente Einkommensmodelle. Ich zeige Menschen, wie sie mittelfristig ein nachhaltiges passives Einkommen aufbauen können, indem sie weltweite Trends im Bereich ... zu ihrem Vorteil nutzen.

💬 Ich bin Unternehmer und beschäftige mich mit dem Aufbau von alternativen und insbesondere lukrativen Lebensarbeitskonzepten. Hast du schon deine endgültige berufliche Heimat gefunden bzw. schon mal über eine Alternative zu deiner jetzigen Tätigkeit nachgedacht?

> „Ich beschäftige mich mit dem Aufbau von alternativen und insbesondere lukrativen Lebensarbeitskonzepten "

💬 Ich besitze einen Großvertrieb im Bereich ... und besetze momentan einige wichtige Schlüsselpositionen neu. Wir haben aktuell nebenberufliche Stellen in den Bereichen Sales and Service, Teambuilding and Education sowie Human Resources Development und Businessbuilding zu vergeben. Was davon hört sich für dich reizvoll an?

💬 Ich bin im Direktvertrieb tätig und rekrutiere aktuell fünf Personen, die gemeinsam mit mir die Region ... aufbauen. Mittelfristig sind meine

Aufgaben die überregionale Expansion und die Vorbereitung für einen länderübergreifenden Aufbau funktionierender Vertriebsnetzwerke.

„Ich bin für ein internationales Konsumentennetzwerk tätig "

💬 *Ich bin für ein internationales Konsumentennetzwerk tätig. Unsere Aufgabe ist es, so viele Endkunden wie möglich zu einer Einkaufsgemeinschaft zu vernetzen. Dies geschieht unter Ausschluss des Groß- und Einzelhandels und hat den Vorteil, dass wir eingesparte Kosten an Endkunden und Empfehler weitergeben können. Würdest du in Zukunft gerne von deinen Empfehlungen profitieren?*

💬 *Ich habe ein Team von Beratern, die sich um Aufklärung im Bereich ... kümmern. Für dieses Team suche ich kommunikative Verstärkung. Hier zeigen wir anderen Menschen, wie sie mittelfristig mit weniger Arbeit mehr verdienen und parallel die eigene Lebensqualität massiv steigern ...! Interesse?*

💬 *Ich bin Coach und Marketer. Wir vernetzen Menschen zu großen Einkaufsgemeinschaften unter Ausschluss des herkömmlichen Einzelhandels. Hierbei ist es möglich, an allen Umsätzen der Gemeinschaft zu partizipieren und sich ein passives, wiederkehrendes Einkommen aufzubauen.*

💬 Ich arbeite im Emfehlungsmarketing, eine Geschäftsform, die das proaktive Empfehlen von Verbrauchsprodukten im Endkundenbereich rückvergütet. Man kann sich so einen schönen Zusatzverdienst aufbauen, ohne im klassischen Sinne etwas verkaufen zu müssen.

💬 Ich bin Existenzgründungslotse und Lifestyleconsultant. Ich zeige anderen Menschen, wie sie sich ein krisensicheres Zweiteinkommen aufbauen und damit unabhängiger von ihren aktuellen Arbeits- und Einkommensverhältnissen werden. Das Ganze funktioniert neben- und hauptberuflich.

> „Ich bin Existenzgründungslotse und Lifestyleconsultant. Ich zeige anderen Menschen, wie sie sich ein krisensicheres Zweiteinkommen aufbauen"

💬 Ich zeige insbesondere Selbstständigen und Unternehmern, wie sie in Zukunft eher an und nicht in ihrem Unternehmen arbeiten und sich somit in ihrer Firma entbehrlich machen.

💬 Ich bin Führungskraft in einer Firma, die sich mit ... beschäftigt. Meine Aufgabe sind das Personalmarketing und Teambuilding. Als Unterstützung brauche ich noch zwei bis drei engagierte Menschen, die ich persönlich einarbeite und ausbilde, um den zukünftigen Informations- und Beratungsbedarf im Markt für ... zu decken.

MLM erklären durch Geschichten oder Gleichnisse

Eine Vorgehensweise, die mich persönlich immer wieder wahnsinnig inspiriert, ist die Fähigkeit insbesondere von Topnetworkern, das Geschäft in Form von spannenden Geschichten oder in bildhafter Darstellung zu erklären. Bei guten Recruitern hat man oft das Gefühl, sie gehen in unserem Kopf spazieren und pflanzen uns Bilder hinein, anhand derer wir das Prinzip dieser Geschäftsidee verstehen und logisch nachvollziehen können. Sie verwenden Beispiele aus anderen, uns bekannten Bereichen und schlagen so charmant die Brücke zu unserer eigenen Vorstellungswelt.

Versuchen Sie das doch selbst einmal in ähnlicher Weise zu realisieren! Erklären Sie das Prinzip von Network-Marketing völlig losgelöst vom eigenen Produkt und vom eigenen Firmennamen.

Wie würden Sie MLM einem fremden Menschen erklären, wenn Sie Ihren Firmennamen und Ihr Produkt nicht erwähnen dürften?

Stellen Sie sich die Frage: Wie würden Sie MLM einem fremden Menschen erklären, wenn Sie Ihren Firmennamen und Ihr Produkt nicht erwähnen dürften? Welche Bilder würden Sie verwenden, welche Storys erzählen und welche Metaphern einsetzen?

Zugegeben, das hört sich recht herausfordernd an. Aber wer diese Kunst beherrscht, dem stehen in Zukunft in unserer Branche alle Türen offen, weil

Produkt und System in diesem Falle sekundär sind. Wenn man nämlich lernt, Menschen für die Idee des Network-Marketings zu begeistern, und ihnen die Idee des passiven Einkommens klarmachen kann, dann geht es um die grundsätzliche Magie und Genialität dieses Geschäftssystems an sich. Details des Vergütungsplans oder kleinkarierte Nichtigkeiten im Produktbereich, mit denen sich viele so oft herumschlagen müssen, spielen höchstens am Rande eine Rolle.

Es geht darum, die Menschen für die Idee des Network-Marketings an sich zu begeistern

Nachfolgend einige Metaphern und Storys, mit denen man das Grundprinzip von Network-Marketing recht anschaulich und charmant erklären kann. Und bitte achten Sie beim Lesen einmal besonders darauf, ob und vor allem welche Bilder Ihnen dabei durch den Kopf gehen ...!

Stell dir doch einmal Folgendes vor! Nehmen wir an, du bist Fahrlehrer. Wie würdest du es finden, wenn du an jedem Fahrschüler, der bei dir den Führerschein gemacht hat, pro Kilometer, den er später in seinem Leben zurücklegt, eine bestimmte Summe verdienen würdest? Sagen wir mal, wenn er 1000 Kilometer fährt, verdienst du 1000 Euro, wenn dieser Fahrschüler 2000 Kilometer fährt, verdienst du 2000, und wenn es ein Vielfahrer ist, der zum Beispiel 80 000 Kilometer im Jahr fährt, verdienst du 80 000 Euro? Wie hört

Beispiel-Metaphern und -Storys zur Erklärung von Network-Marketing

sich das für dich an?☺ Gut? Wie viele solche Fahrschüler würdest du pro Jahr ausbilden?

„Angestellte einstellen ohne Lohnkosten"

🗩 Du kennst doch sicherlich Selbstständige und Unternehmer. Wenn diese Menschen Arbeitskraft vervielfältigen wollen, müssen sie in der Regel Menschen fest anstellen und ihnen einen fixen Lohn oder Gehalt zahlen. Im Gegenzug partizipieren sie von der Arbeitsleistung ihrer Angestellten. Das, was wir machen, ist ähnlich, allerdings viel cleverer. Bei uns hast du die Möglichkeit, schon nebenberuflich unternehmerisch tätig zu sein und dir so viele Menschen einzustellen, wie du willst. Das Besondere ist, du partizipierst an deren Arbeitsleistung, ohne ihnen einen einzigen Cent Lohn oder Gehalt zahlen zu müssen. Das Ganze bei freier Zeiteinteilung und gänzlich ohne das klassische unternehmerische Risiko.

„Eine Einkaufsgemeinschaft, die auf den Zwischenhandel verzichtet und das gesparte Geld an die Mitglieder ausschüttet"

🗩 Unser Geschäft funktioniert folgendermaßen: Wir bauen im Prinzip eine große Einkaufsgemeinschaft von Endverbrauchern auf, indem wir unsere Produkte ausschließlich durch Mundpropaganda bewerben. Wir schließen Groß- und Einzelhandel komplett aus uns sparen auf diesem Wege Mieten, Lager, Personal und andere Kosten, die sonst in der Regel anfallen. Das so eingesparte Geld geht in unserem System in Form von

Provisionen direkt an die Menschen, die das Produkt aktiv weiterempfohlen haben. Je mehr nun diese Einkaufsgemeinschaft wächst, desto größer wird auch das Volumen an Provisionen, welches an die Gemeinschaft ausgeschüttet wird.

💬 Sicher weißt du, wie Payback oder das Sammeln von Flugmeilen funktioniert, oder? – Richtig, man sammelt beim Einkaufen über eine Mitgliederkarte Punkte oder beim Fliegen Meilen und bekommt für ein bestimmtes Einkaufsvolumen oder eine bestimmte Flugstrecke eine festgelegte Anzahl von Punkten gutgeschrieben. Je mehr Umsatz man macht oder je mehr man fliegt, desto mehr Punkte sammelt man, und am Jahresende oder bei Erreichen eines bestimmten Punktstandes kann man diese wiederum gegen Prämien eintauschen. Das können Töpfe sein, Haushaltsgeräte, Urlaubs- oder Warengutscheine und dergleichen mehr.

Bei uns ist es nun so, dass auch wir Kundenkarten haben, die bei mehreren Produktpartnern eingesetzt werden. Je mehr man diese Kundenkarte einsetzt, desto mehr Punkte sammelt man. Der geniale Unterschied ist allerdings der, dass bei uns keine Punkte gutgeschrieben werden, sondern man erhält ab einem bestimmten Einkaufsumsatz direkt Geld zurück. Gleichzeitig vernetzen wir so viele Kartennutzer wie möglich

„Wie Payback oder Flugmeilen – aber genialer"

in Einkaufsgemeinschaften und generieren ab einem bestimmten Umsatzvolumen noch Provisionserlöse von unseren Partnerunternehmen.

„Die eigene Arbeitskraft fast unbegrenzt vervielfachen"

💬 Sicherlich hast du schon mal von Menschen gehört, die sich einen Coach nehmen, um ihre Fähigkeiten zu verbessern. Der Sinn eines Coachs oder Mentors ist der, dass man auf dessen Erfahrungsschatz und dessen Know-how zurückgreifen kann und bestimmte Fehler nicht unbedingt selbst machen muss, um daraus zu lernen. Sicherlich kann man sich Know-how auch selbst aneignen und gewisse Informationen selbst recherchieren. Das alles würde aber unendlich lange dauern. Wenn du nun einen Mentor hast, mietest du dir quasi ein zweites Gehirn! Indem du auf sein Know-how zurückgreifst, hast du mehr oder weniger die doppelte Lernkapazität. Wenn du dir einen weiteren Coach nehmen würdest, hättest du die dreifache Kapazität und mit zehn Mentoren theoretisch die zehnfache.

So weit, so gut. Nach einem ähnlichen Prinzip gehen wir im unternehmerischen Bereich vor. Nehmen wir an, du bist selbstständig und hast ein gutes Produkt oder eine gute Dienstleistung, die du anderen Leuten einmal pro Stunde vorstellst. Wenn du nun davon ausgehst, dass du zehn Stunden täglich arbeitest, kannst du pro Tag zehn Menschen dein Produkt vorstellen und

gutes Geld verdienen. Das einzige Limit ist deine Zeit. Du bist limitiert, weil du dich nicht klonen oder teilen kannst.

Hier kommt nun die Genialität unseres Geschäftsmodells ins Spiel. Du hast bei uns die Möglichkeit, deine Arbeitskraft zu duplizieren und sogar zu multiplizieren. Das heißt konkret, dass du so viele Leute einstellen kannst, wie du willst, dass du an deren Arbeitsleistung partizipierst und sie nicht bezahlen musst. Das Schöne ist: Wenn du dir einen Geschäftspartner suchst, verfügst du nicht über 10 Stunden mögliche Arbeitskapazität, sondern über 20. Bei zehn Leuten sind es 100 Stunden und bei 500 Partnern 5000. Das wiederum bedeutet, dass in deiner Firma die Kapazität dafür vorhanden ist, 5000 potenzielle Kunden an den unterschiedlichsten Orten der Welt gleichzeitig zu beraten, obwohl du gar nicht dabei bist. Du hast also 500 kleine Filialen! Und wenn ein Geschäft zustande kommt, partizipierst du trotzdem, auch ohne persönliche Anwesenheit. Klingt doch charmant, oder?

💬 Du kennst doch sicher Angler, oder? Angler sind Menschen, die oft stundenlang mit einer oder zwei Angeln an einem Fluss oder See sitzen, um einen Fisch zu fangen. Network-Marketing ist im Prinzip so etwas wie Angeln. Allerdings würde ich es als intelligentes Angeln bezeichnen. Wir im MLM sitzen

„Network-Marketing ist intelligentes Angeln"

nicht mit einer oder zwei Angeln am Ufer, um einen einzigen Fisch an Land zu ziehen, sondern wir knüpfen ein Netz, mit dem wir den ganzen Schwarm Fische fangen. Prinzip erkannt? ☺

Wie man sich die Entstehung von Network-Marketing vorstellen muss

🗩 Network-Marketing ist ungefähr um 1940 in den USA entstanden. Und zwar ging das so:

Ein Vertreter für bestimmte Produkte oder Dienstleistungen hatte damals ein von der Firma vorgegebenes Gebiet zu bearbeiten, in dem meinetwegen drei größere Städte lagen. Er hat dort, sagen wir, Nahrungsergänzungsmittel (frei wählbares Beispiel) verkauft. Das war ein guter Job, mit dem er 500 Dollar Umsatz im Monat gemacht hat.

Aber als seine Firma gesehen hat, wie gut die Geschäfte laufen, hat sie einen zweiten Vertreter in diesem Gebiet „laufen" lassen. Logischerweise entstand zwischen beiden Wettbewerb und am Ende sogar Konkurrenzkampf. Die Konsequenz für unseren ersten Vertreter war nun, dass er ab diesem Zeitpunkt, sagen wir, nur noch 400 Dollar im Monat gemacht hat. Beim zweiten Vertreter waren es ebenfalls 400 Dollar.

Aus Sicht der Firma war diese Situation toll, denn das war immerhin eine Umsatzsteigerung von 60 Prozent. Keine Frage: Man entschied, gleich noch zwei weitere Vertreter für das gleiche Gebiet einzustellen. Die Folge: Der Konkurrenzkampf wurde noch härter, und die Umsätze der

einzelnen Vertreter gingen wegen des enormen Wettbewerbs noch weiter nach untern. Ende vom Lied war, das keiner der Vertreter noch Spaß an seinem Job hatte und die Arbeitsmoral der vier total in den Keller rutschte. Der Durchschnittsumsatz pro Vertreter sank im Endeffekt um 100 Dollar pro Nase auf 300 Dollar.

Für die Firma war das immer noch ein ausgezeichnetes Geschäft, für den einzelnen Vertreter allerdings war es eine massive Verschlechterung. Um diesem Problem entgegenzuwirken, sind damals einige sehr intelligente Menschen in der Geschäftsleitung des Unternehmens auf die Idee gekommen, ein neues Geschäfts- und Vertriebskonzept auf die Beine zu stellen. Das war die Geburtsstunde von Network-Marketing.

Der intelligente Ansatz war dabei folgender: Anstatt dass man einem Vertreter Konkurrenz verschaffte, wurde ihm Verantwortung gegeben und ihm die neuen Vertreter zur Betreuung unterstrukturiert.

Der „alte" Vertreter hatte jetzt die Aufgabe, den neuen alles zu vermitteln, was für ihren Erfolg wichtig war, sie auszubilden, einzuarbeiten, zu motivieren, sie über Kundenstruktur und Kundenmentalität im Zielgebiet aufzuklären usw. Dafür wurde er mit einer Beteiligung am Umsatz der durch ihn betreuten Vertreter belohnt. Auf diese Weise entstand eine geniale Win-win-Situation:

„Es entstand eine geniale
Win-win-Situation:
Der Vertreter der ersten Stunde
hat seinen Leuten
nur das beste Wissen weitergegeben,
weil er davon selbst **mitprofitierte,**
und die unterstellten Vertreter
hatten **quasi keine Konkurrenz"**

*Der Vertreter der ersten Stunde hat seinen Leu-
ten nur das beste Wissen weitergegeben, weil er
davon selbst mitprofitierte, und die unterstellten
Vertreter hatten quasi keine Konkurrenz. Das System war nun nicht mehr auf Wettbewerb und Konkurrenz ausgelegt, sondern auf Kooperation und
Teamwork.*

*Im Laufe der Zeit hat man dann dieses Sys-
tem verfeinert und optimiert und es über mehrere Ebenen und Hierarchiestufen strukturiert.
So konnten nun neue Geschäftspartner ihrer-
seits wieder unterstellte Vertreter gewinnen, be-
treuen und an deren Erfolgen partizipieren. Auf
diese Weise sind in dem gleichen Gebiet über
5000 Dollar Umsatz entstanden, und alle Betei-
ligten waren zufrieden und haben davon profi-
tiert. So weit zur Entstehung dieses genialen Sys-
tems, über welches wir hier gerade reden.*

Motivbezogene Ansprache – Unternehmer und Selbstständige

Die Kernmotive und Bedürfnisse seines Gegenübers ansprechen

Insbesondere bei den nachfolgenden Varianten für Selbstständige und Unternehmer werden Sie feststellen: Es ist sehr zu empfehlen, die Kernmotive und Bedürfnisse seines Gegenübers anzusprechen und ihm auf diese Weise die Pitch so schmackhaft wie möglich zu machen. Mehr noch, die Grundlage und gleichzeitig auch die hohe Kunst eines guten Sponsor- und auch Rekrutierungsgespräches ist immer, zu erkennen, was der Interessent im Moment nicht hat, und ihm genau das zu geben.

Man nennt das auch motivbezogenes Sponsern oder, in Bezug auf die Pitch, motivbezogene Anprache.

MLM als Mittel, wie sich der Interessent seine Träume erfüllen kann

Deshalb sollten Sie als Networker auch möglichst schnell ein tiefes Verständnis dafür entwickeln, dass MLM für den Interessenten oder potenziellen Partner in erster Linie ein Vehikel oder Instrument ist, sich seine eigenen Lebensträume zu erfüllen. Es ist also im weitesten Sinne Mittel zum Zweck: Er muss nicht den Traum vom eigenen Hotel, der Weltreise, der Karriere als Künstler oder Ähnlichem begraben, sondern kann ihn dank seines Geschäfts noch schneller realisieren, weil er in Zukunft über finanzielle Ressourcen und größere persönliche und zeitliche Unabhängigkeit verfügt.

Ich erkläre dieses Prinzip auf unseren Seminaren gerne so, dass ich sage: „Von mir bekommt
es jede/r so, wie er/sie es braucht." Mein Ansatz ist also, jedem die Story zu erzählen, die er/
sie gut findet. Anders ausgedrückt: Ich versuche
mich immer an die gute alte Metapher aus dem
Verkauf zu halten, nach der ein Köder bekannt-
lich dem Fisch schmecken muss und nicht dem
Angler.

Die Steigerung dessen ist die Kunst, zu erkennen,
wo mögliche Schwachstellen im aktuellen Berufsbild oder vielleicht auch der Lebenssituation des
Interessenten liegen, wo eventuelle Engpässe
und Ängste auftreten oder eine aktuelle oder zukünftige Unzufriedenheit entstehen könnte. Diese
kann man bei der Ansprache in der Pitch höchst
wirkungsvoll ins Spiel bringen.

Aktuelle und potenzielle Unzufriedenheiten des Interessenten aufspüren und in der Pitch ansprechen

Das gilt übrigens nicht nur für die Ansprache von
Selbstständigen, sondern auch bei allen anderen
Berufsbildern und Lebenssituationen.

Zum besseren Verständnis ein paar Inspirationen
und Gedanken, die mir immer spontan in Sponsorgesprächen oder bei der Ansprache von Angestellten kommen ...

**Wo bei verschiede-
nen Berufsgruppen
die wunden Punkte
liegen könnten**

■ Wenn ich mit jemandem aus der Gastronomie spreche, fällt mir doch immer sofort das Beispiel eines Kumpels ein, der ebenfalls in dieser

Gastronomen

Branche arbeitet und sich immer über die unchristlichen Arbeitszeiten und die schlechte Bezahlung beschwert, ganz zu schweigen von den geizigen Gästen, denen das Trinkgeld auch nicht mehr so locker sitzt ...! ☺

Physiotherapeuten

▪ Wenn ich mit einem Interessenten aus der Physiotherapie rede, dann muss ich irgendwie jedes Mal sofort an eine Bekannte denken, die mir oft davon berichtet, das sie nach 20 halbstündigen Behandlungen im Akkord selbst behandlungsbedürftig sei, weil sie unheimliche Rückenschmerzen habe. Außerdem werde die Zuzahlungs- und Leistungsmoral der Krankenkassen eher schlechter als besser ...

Schichtarbeiter

▪ Wenn ich mit einem Schichtarbeiter rede, dann kommt mir immer spontan der Kumpel eines guten Freundes in den Sinn, dessen Beziehung durch die unregelmäßigen Arbeitszeiten und Überstunden massiv gelitten hat und dessen Frau latent unzufrieden mit dieser Situation ist. Dort gibt es ständig Streit, und beide sind schon auf dem besten Wege, sich vollkommen zu entfremden ...

Unternehmensberater

▪ Ich habe übrigens auch einen Bekannten, der richtig Karriere als Unternehmensberater gemacht hat und kontinuierlich fünfstellig verdient.

Seine größte Herausforderung, so berichtet er oft, ist: Er nimmt jeden Morgen die Frühmaschine nach Zürich, Frankfurt oder Hamburg und kommt erst sehr spät am Abend nach Hause, wenn seine Kinder schon schlafen. Er klagt, dass er sie manchmal vierzehn Tage lang gar nicht richtig sieht und dass sie ihn schon manchmal mit „Onkel" ansprechen ...! ☺

■ Ach übrigens: Auch einen Oberarzt gibt es in meinem weiteren Bekanntenkreis. Er ist in seinen Beruf sehr verliebt, berichtet mir aber immer öfter von Personalmangel in den Krankenhäusern. Weiter sagt er, er habe manchmal den Eindruck, im Krankenhaus zu leben, weil er teilweise mehrere Nächte hintereinander dort schläft. Ganz zu schweigen von der enormen Verantwortung und dem mentalen Druck, dem er ausgesetzt ist. Zudem hat mir derselbe Kollege auch davon berichtet, dass die Zahl der medikamenten- und alkoholabhängigen Ärzte in den letzten Jahren massiv zugenommen habe. Das hatte ich in dieser Form noch gar nicht gewusst ...! ☺

Krankenhausärzte/ -ärztinnen

■ Beinahe hätte ich die Freundin einer Bekannten vergessen. Sie ist Friseurin und hat manchmal den Eindruck, dass man in diesem Beruf eher Seelsorgerin ist als Haarstylistin. Die meisten Leute laden nämlich ihre Probleme beim Friseur

Friseure/ Friseurinnen

ab. Ganz zu schweigen von den schweren Füßen, die sie jeden Abend hat, wenn Sie nach Hause kommt. Zwei Kolleginnen aus diesem Salon sind sogar berufsunfähig geworden, weil sie durch den Umgang mit Haarfärbemitteln schlimme Hauterkrankungen bekommen haben ...

Leistungssportler

■ Manchmal rede ich auch mit Leistungssportlern oder Menschen, die mit ihrem Körper in irgendeiner Form Geld verdienen müssen. Da ich ja selbst aus der Sportszene komme, kenne ich mehrere Beispiele von Leuten, die aus gesundheitlichen Gründen oder verletzungsbedingt ihre Träume aufgeben mussten. Danach sind sie in ein tiefes emotionales Loch gefallen, weil die einzige Grundlage, um diesen Beruf auszuüben, nämlich die körperliche Leistungsfähigkeit, verloren gegangen war. Das Schlimme an dieser Situation war, dass diese Leute meist alles auf eine Karte gesetzt hatten und 99 Prozent von ihnen weder über einen Plan B noch über irgendein betriebswirtschaftliches Anschlusskonzept verfügten ...

Einzelhändler

■ Ganz besonders in Gesprächen mit Menschen aus dem Einzelhandel muss ich zufälligerweise immer an einen alten Schulfreund denken. Er ist Verkäufer und klagt oft darüber, dass sein Gehalt zunehmend aus Provisionen besteht und auch die Arbeitszeiten ziemlich belasten. Insbesondere

vor Feiertagen wie Weihnachten und Ostern und an Inventurtagen liegen seine Nerven meist blank und er ist am Ende seiner Kräfte ...

■ Interessanterweise gibt es in meinem näheren Umfeld auch Freundinnen, die als Sekretärinnen bzw. Assistentinnen im Büro arbeiten und den ganzen Tag über am PC sitzen müssen. Ich habe mir sagen lassen, dass die dauerhafte Arbeit am Bildschirm für die Augen gar nicht gut ist und dass man an vielen Tagen oder Abenden von Kopfschmerzen und Migräne geplagt wird. Eine hat sogar eine chronische Sehnenscheidenentzündung am Handgelenk, weil das Arbeiten mit Maus und Tastatur ziemlich einseitig und belastend ist. Man glaubt es kaum!

Sekretärinnen/ Assistentinnen

■ Ach ja, da fällt mir gerade noch was ein. Ich habe einige Kumpels, die auf dem Bau arbeiten, und dort geht es ja nun total drunter und drüber. Von gefährlichen Arbeitsbedingungen mit Unfällen über Schlechtwetterarbeit und Zeitarbeit wegen schlechter Auftragslage bis hin zu Hunderten Kilometern Pendelei zwischen Wohn- und Arbeitsort. Und das alles bei nicht unbedingt großzügiger Bezahlung. Einige von denen kommen mittlerweile auch in ein Alter, in dem sie sich echt Gedanken machen und sich manchmal fragen, wie das in Zukunft noch weitergehen soll.

Bauarbeiter

Ich kenne alle **Schwachstellen**
des jeweiligen Berufsbildes,
ich kenne die **Perspektiven**
und **Trends**
in den jeweiligen Branchen,
und ich bin informiert,
über welche **Probleme**
sich Menschen
in unterschiedlichen
Lebenssituationen
unterhalten –

und das sollten **Sie**
in Zukunft auch

■ Und last but not least habe ich auch manchmal Hausfrauen im Gespräch oder Damen, die wegen Heirat mit einem gut situierten Mann nicht oder nicht mehr arbeiten müssen. Hier höre ich des Öfteren, dass das Selbstwertgefühl nach einer gewissen Zeit massiv leidet. Die eigene Aufgabe fehlt, und man tut sich oftmals schwer, nach mehreren Jahren, die man hauptsächlich mit der Erziehung der Kinder verbracht hat, den Anschluss an das soziale Umfeld wiederzufinden. Oder man fühlt sich unwohl angesichts der Tatsache, dass man finanziell von seinem Partner komplett abhängig ist. Ich kenne sogar einen Fall im Bekanntenkreis, wo sich die Frau jahrelang wirtschaftlich auf ihren Mann verlassen hat, dieser sich aber vor Kurzem wegen einer Jüngeren von ihr getrennt hat!

Kurz und gut: Egal, wer vor mir sitzt, und egal, welchen Beruf mein/e Gesprächspartner/in ausübt – von Aalzüchter bis Schafscherer, von Gärtner bis IT-Spezialist –, ich kenne alle Schwachstellen des jeweiligen Berufsbildes, ich kenne die Perspektiven und Trends in den jeweiligen Branchen, und ich bin informiert, über welche Probleme sich Menschen in unterschiedlichen Lebenssituationen unterhalten.
Ich kenne die Nöte und Sorgen von LKW-Fahrern, den dauerhaften Stress, unter dem Lehrer

stehen, weil sie sich ständig mit ihren Schülern und deren Eltern auseinandersetzen müssen, und die Perspektivlosigkeit von Arbeitslosen in struktur- und wirtschaftsschwachen Regionen.

Ich weiß deswegen über diese Dinge Bescheid, weil ich Recruiter und Menschenexperte bin und kein Produktfreak – und weil ich in dieser Eigenschaft die Motive meiner Gesprächspartner besser kennen muss, als sie selbst sie kennen. Denn nur dann habe ich die Chance, Menschen für mich und meine Ideen zu gewinnen. Ich sage ihnen nicht, was ich selbst gut finde, sondern verkaufe ihnen meine Geschäftsidee als Lösung ihrer Probleme, als Alternative bei eventuellen Engpässen im aktuellen Berufsleben oder als zukünftige neue berufliche Heimat.

Ich verkaufe den Interessenten meine Geschäftsidee als Lösung ihrer (beruflichen) Probleme

Falls Sie jetzt noch wissen wollen, wie man sich dieses Know-how aufbaut, muss ich Ihnen eines sagen: Man kann das nur bedingt in der Theorie lernen, sondern eigentlich einzig und allein in persönlichen Gesprächen in der Praxis. Und zwar in vielen, vielleicht sogar Hunderten oder Tausenden persönlichen Gesprächen mit Menschen, denen man in die Augen schaut und für die man sich aus vollem Herzen interessiert.

Doch nun wie versprochen die angekündigten Pitches für Selbstständige und Unternehmer. Bitte

achten Sie, bevor Sie die jeweiligen Anmerkungen zur Pitch lesen, einmal ganz besonders darauf, welche Motive, Ängste, Sehnsüchte und Bedürfnisse dieser Zielgruppe darin versteckt sind.

🗨 *Wir haben uns darauf spezialisiert, Unternehmern und Selbstständigen dabei zu helfen, ein von Staat, Politik und Demografie unabhängiges Rentenkonto aufzubauen. Das Ganze funktioniert komplett ohne dass man eigene Beiträge dafür aufwenden oder einzahlen müsste ... Was sagen Sie dazu?*

Meine Unternehmer-pitches:
1. „Rentenkonto"

Remark: Als Unternehmer oder Selbstständiger muss man in der Regel selbst für Altersvorsorge und Rente aufkommen. Da für Selbstständige in der Regel keine Pflicht besteht, etwas für die Altersvorsorge zu sparen, gehen die meisten auch recht stiefmütterlich mit diesem Thema um. Insbesondere weil das Geld immer wieder lieber ins Geschäft investiert oder für andere Dinge ausgegeben wird.

🗨 *Wir geben einer Handvoll ausgesuchter Multiplikatoren und Unternehmer aus der Region die Möglichkeit, mit lokaler Arbeit an internationalen Wachstumsmärkten zu partizipieren ... Wie hört sich das für Sie an?*

2. „Mit lokaler Arbeit an internationalen Wachstumsmärkten partizipieren"

Remark: Man wertet seinen Gesprächspartner dadurch auf, dass man ihn als ein Mitglied einer ausgesuchten „Elite" darstellt, und man macht ihn neugierig durch den Hinweis auf die Kombination international – lokal. Die meisten Unternehmer sind regional verwurzelt und/oder sesshaft, würden aber trotzdem gern an anderen, vielleicht sogar überregionalen oder internationalen Märkten partizipieren.

3. „Umsatz machen und dabei Gutes tun"

💬 *Wir sind ein Netzwerk von sozial engagierten Unternehmern, die mit ihrer Arbeit sinn- und nutzenstiftende Charity-Projekte in aller Welt im Bereich ... unterstützen. Umsatz machen und gleichzeitig Gutes tun, wäre das ein Thema für Sie ...?*

Remark: Bei manchen Unternehmern, die eine hohe ethische Wertestruktur und großes Sozialempfinden haben, muss man damit rechnen, dass der pure Hinweis auf schnödes Geldverdienen nicht so gut verfängt. Hier kann man vielleicht eher mit der sozialen Komponente punkten. Oft sind der soziale Gedanke und das Bedürfnis, über soziales Engagement etwas „zurückzugeben", bei denjenigen unter den Selbstständigen sehr ausgeprägt, die finanziell schon alles erreicht haben bzw. bei denen es nicht mehr vorrangig ums Geldverdienen geht.

4. „Exklusive Franchise-Lizenzen"

💬 *Wir vergeben exklusive Franchise-Lizenzen eines Partnerunternehmens, das einen Weg der Zusammenarbeit ohne die üblichen*

*Investitions- und Gründungs-/Einstiegskosten an-
bietet ...*

Remark: Man unterstreicht seinen Bieterstatus
(„Wir vergeben") und lockt mit einer Geschäfts-
gründung ohne nennenswerte Einstiegskosten.
Unternehmer wissen, dass so etwas recht schwie-
rig, ja nur in Ausnahmefällen möglich ist, und werden in der Regel bei solchen Infos recht hellhörig.

💬 *Wir bieten die Möglichkeit, ein Unternehmen
im Unternehmen aufzubauen/Unternehmer im
Unternehmen zu sein. Das Ganze mit der Sicherheit und Größe eines namhaften und erfolgreichen Produktgebers im Rücken und gleichzeitig
mit allen unternehmerischen Wachstums- und
Gewinnmöglichkeiten ...!*

5. „Sicherheit und Wachstumsmöglich-keiten"

Remark: Unternehmer im Unternehmen, das hört
sich aufs Erste ungewöhnlich, wenn nicht gar un-
glaublich an. Ganz besonders wenn man Sicherheit verspricht und gleichzeitig Wachstums- und
Gewinnmöglichkeiten in Aussicht stellt. Wer sich
ein wenig mit Wirtschaft und mit Geldverkehr
beschäftigt, der weiß, dass sich Sicherheit und
Wachstum meist ausschließen oder in einem
Spannungsverhältnis stehen. Der hellhörige und
interessierte Selbstständige wir hier nachfragen.

💬 *Wir bieten die Möglichkeit, multiple Einkom-
mensströme zu generieren, die speziell in Zeiten*

6. „Verlässliche Einkünfte in Zeiten schwachen Wachstums"

schwachen Wirtschaftswachstums verlässliche Einkünfte garantieren ...

Remark: Unserer Wirtschaft geht es zwar gut, allerdings haben uns mittlerweile andere Länder wie beispielsweise China im Wachstum längst überholt. Das spüren und wissen ganz speziell auch Unternehmer, und der eine oder andere wird hier hellhörig werden ...

7. „Wir vertreiben über Unternehmernetzwerke"

🗩 *Wir vertreiben über Unternehmernetzwerke, das heißt, wir schalten den klassischen Einzelhandel beim Vertrieb von Verbrauchsprodukten aus und schütten Provisionen an ein Netzwerk von Empfehlungsgebern aus ... Da Sie schon Erfahrung im unternehmerischen Bereich haben: Wie hört sich das für Sie an?*

Remark: „Unternehmernetzwerke" klingt immer gut und vermittelt dem Einzelnen die Stärke einer Gemeinschaft. Intuitiv wird der Einzelunternehmer hier nachfragen, denn die Sicherheit einer Gemeinschaft ist insbesondere für Einzelkämpfer sehr reizvoll.

8. „An internationalen Märkten partizipieren, ohne im Ausland tätig zu sein"

🗩 *Wir geben Unternehmern aus der Region die Möglichkeit, an internationalen Märkten zu partizipieren, ohne selbst im Ausland tätig zu sein ...*

Remark: Siehe oben, 2. „Mit lokaler Arbeit an internationalen Wachstumsmärkten partizipieren", Seite 53

● *Wir suchen Selbstständige, für die es inter-essant ist, durch eine clevere Geschäftsidee am enormen Wachstum von Schwellen- und Entwick-lungsländern zu partizipieren. Der persönliche Einsatz sind Know-how und Kontakte. Konzept und Dienstleistungsideen werden von einem exklusiven Lizenzgeber/Vertragspartner bereitgestellt ...*

Remark: Siehe oben, 2. „Mit lokaler Arbeit an in-ternationalen Wachstumsmärkten partizipieren", Seite 53

9. „Am Wachstum von Schwellen- und Entwicklungslän-dern partizipieren"

● *Mithilfe eines großen Unternehmernetzwerkes vernetzen und bündeln wir viele Endkonsu-menten zu großen Einkaufsgemeinschaften und partizipieren somit an kontinuierlich wiederkeh-renden Umsätzen vom Endverbraucher ...*

Remark: „Kontinuierlich wiederkehrende Umsät-ze" – das ist ein Stichwort, das Unternehmer-herzen zum Hüpfen bringt und wie Musik in den Ohren der meisten Selbstständigen klingt.

10. „Wir partizipie-ren an kontinuierlich wiederkehrenden Umsätzen vom Endverbraucher"

● *Wir geben Unternehmern die Möglichkeit, sich so viele Geschäftspartner/Mitarbeiter ein-zustellen, wie sie wollen. Das Besondere daran: Das Ganze funktioniert, ohne dass man Sozial-abgaben abführen oder sich vertraglich an Mitar-beiter binden muss ...*

Remark: Eines der größten Probleme von Unter-nehmern ist die hohe und erdrückende Last an

11. „Mitarbeiter einstellen – ohne Sozialabgaben und vertragliche Bindung"

Sozialabgaben und Lohnnebenkosten. Insbesondere die verpflichtende und vertragliche Bindung an feste Mitarbeiter schreckt viele Unternehmer ab, Leute einzustellen, die eigentlich für eine Expansion notwendig wären. Mit dieser Pitch lösen Sie zwei der größten Unternehmerprobleme!

12. „Sich unabhängiger vom Hauptgeschäft machen"

● *Wir suchen Selbstständige, die sich in Zukunft etwas unabhängiger von ihrem Hauptgeschäft machen wollen und die sich für intelligente Möglichkeiten interessieren, Umsatz und Einkommen in anderen Geschäftsfeldern zu generieren ...*

Remark: Eine ideale Pitch für Unternehmer mit Saisongeschäft, z. B. in der Baubranche oder Gastronomie. In der heutigen Zeit ist „Sicherheit das neue Risiko". Viele Selbstständige wissen, dass sie sich über den Aufbau von mehreren Geschäftsfeldern oder Einkommensströmen „breiter" aufstellen und somit im Fall von Krisen weniger anfällig sind. Ähnlich wie man bei Investitionen in Aktien vom Diversifizieren (Streuen) spricht, redet man im Bereich des Unternehmertums von „mehreren Standbeinen".

13. „Existenzsicherungsmodelle für den Fall von Krankheit oder Änderung der Wirtschaftslage"

● *Wir helfen Selbstständigen bei der Installation von Existenzsicherungsmodellen, speziell zur Absicherung und Fortführung des eigenen Geschäftsbetriebes im Falle von Krankheit oder Änderung der Wirtschaftslage und Marktbedingungen ...*

Remark: Ähnlich wie die Altersvorsorge ist Arbeitsunfähigkeit oder der Verdienstausfall bei Krankheit eine der größten Ängste von Selbstständigen. Da hierfür selbst von Versicherungen nur wenige, und wenn, sehr teure Absicherungsprodukte angeboten werden, sollte diese Pitch mitten ins Schwarze treffen. Ein Modell, das den Fortbestand von Verdienst bei Krankheit und Änderung der Marktlage garantiert ... Wer hätte das nicht gerne?

💬 *Wir haben in unserer Branche und unserer Region im Moment mehrere Dutzend/Hundert Existenzgründungen pro Tag/Woche/Monat, und es werden ständig mehr. Wir suchen speziell erfahrene Unternehmer und Selbstständige, die sich vorstellen können, diese Existenzgründungen zu begleiten und erfolgsabhängig am Umsatz der Gründer beteiligt zu sein ...*

14. „Wir suchen Unternehmer, die Existenzgründungen begleiten und am Umsatz der Gründer beteiligt sind"

💬 *Wir geben Unternehmern die Möglichkeit, saisonale Schwankungen und Umsatzrückgänge im Kerngeschäft durch ein alternatives Geschäftskonzept zu puffern ...*
Remark: Siehe oben, 12. „Sich unabhängiger vom Hauptgeschäft machen", Seite 58

15. „Schwankungen und Umsatzrückgänge im Kerngeschäft durch ein alternatives Geschäftskonzept puffern"

💬 *Wäre es in Zukunft interessant für Sie, die Arbeitsleistung Ihrer Mitarbeiter und Human Resources unter Umständen doppelt zu nutzen?*

Remark: D. h. man eröffnet einem Unternehmen die Möglichkeit, Personal, das bisher nur saisonal beschäftigt war, dauerhaft zu binden – interessant etwa für die Bau- oder Gastronomiebranche.

16. „Vom Teamspirit eines hocherfolgreichen Unternehmernetzwerks profitieren"

🗩 *Wir geben Einzelkämpfern/Freelancern die Möglichkeit, von der Motivation und dem Teamspirit eines bestehenden und hocherfolgreichen Unternehmernetzwerks zu profitieren und Synergien und Überschneidungspunkte mit dem eigenen Geschäftsmodell optimal zu nutzen ...*

Remark: Diese Pitch eignet sich insbesondere für „Einzelkämpfer" wie z. B. Personal Trainer, die Motivation von außen dringend gebrauchen können.

17. „Saisonale Umsatzrückgänge kompensieren"

🗩 *Wir promoten ein Geschäftsmodell, mit dem man insbesondere saisonale Umsatzrückgänge kompensieren und somit Leerlaufzeiten gewinnbringend nutzen kann.*

Remark: Siehe oben, 12. „Sich unabhängiger vom Hauptgeschäft machen", Seite 58

18. „Die Investitionskosten für den Unternehmer sind auf ein Minimum reduziert"

🗩 *Wir vergeben Lizenzen an Selbstständige für ein Geschäftsmodell, bei dem der betriebswirtschaftliche Aufwand und die Investitionskosten für den Unternehmer auf null/auf ein Minimum reduziert wurden und ausschließlich Ertragsoptimierung im Vordergrund steht ...*

Remark: Siehe oben, 4. „Exklusive Franchise-Lizenzen", Seite 54

💬 *Wir sprechen gerade mit Menschen aus dem Selbstständigen-Bereich, für die es interessant ist, ihr unternehmerisches Know-how in einer anderen Branche gewinnbringend zu vermarkten ...*

19. „Unternehmerisches Know-how gewinnbringend vermarkten"

Remark: Das ist ein Appell an Kompetenz und Know-how des Unternehmers – in vielen erfolgreichen Unternehmern schlummert insgeheim ein Coach!

💬 *Wir bieten Unternehmern die Möglichkeit, an einem Geschäftsmodell zu partizipieren, bei dem Aus- und Weiterbildung der Geschäftspartner vom Partnerunternehmen übernommen werden ...*

20. „Aus- und Weiterbildung der Geschäftspartner werden vom Partnerunternehmen übernommen"

Remark: Jeder Unternehmer muss normalerweise sein Personal auf eigene Kosten qualifizieren!

💬 *Wir bieten Unternehmern ein Geschäftsmodell, bei dem von Beginn an die Bereiche Administration, Marketing, Abrechnung und Produktion outgesourct wurden, sodass sie sich auf Unternehmensaufbau und Expansion konzentrieren können ...*

21. „Administration, Marketing, Abrechnung und Produktion wurden von Beginn an outgesourct"

Remark: Viele Unternehmer ersticken in Buchhaltungs- und Vertriebsaktivitäten, anstatt dass sie sich um die eigentliche Unternehmensentwicklung kümmern könnten.

22. „Leute einstellen, die Sie selbst nicht bezahlen müssen"

💬 *Haben Sie schon einmal was von einem Geschäftsmodell gehört, bei dem Sie sich so viele Leute einstellen können, wie Sie wollen – die Sie selbst nicht bezahlen müssen, aber von deren Umsätzen Sie trotzdem ein Leben lang partizipieren? Wie würde sich so was für Sie anhören?*

Remark: Das ist vielleicht der Unternehmertraum schlechthin – von der Leistung von Mitarbeitern zu profitieren, die man nicht einmal selbst zu bezahlen braucht.

Was ist eine Pitch, und was ist eine Pitch nicht?

Was an dieser Stelle auch noch unbedingt erwähnt werden sollte: Aus meiner Sicht darf man unter einer Pitch für Networker nicht ein einzelnes Wort oder eine kurze Phrase verstehen, die den Gesprächspartner sofort begeistert aufspringen und ihn umgehend einen Partnerantrag zeichnen lässt.

So etwas hätte auch ich gerne gehabt, aber ich habe es in der Praxis leider noch nie erlebt. Mehr noch, ich bin mittlerweile der Meinung, dass es so etwas gar nicht gibt.

Bei einigen Kolleginnen und Kollegen in der Networkwelt herrscht nämlich meiner Meinung nach diesbezüglich ein vollkommen falsches Bild vor. Viele suchen nach dem einen magischen, erlösenden Wort, durch das sich der vielleicht gerade mal interessierte Mensch sofort in einen überzeugten, gefälligen, kooperativen, nicht argumentierenden Zeitgenossen verwandelt, der sofort und ohne nachzufragen in das Geschäft einsteigt.

Doch bitte bedenken Sie Folgendes: „Recruiting is a process, not a happening", oder zu Deutsch: „Rekrutieren ist ein Prozess und kein Ereignis".

> **Eine kurze Phrase, die den Gesprächspartner umgehend einen Partnerantrag zeichnen lässt?**

> **„Rekrutieren ist ein Prozess und kein Ereignis"**

Wir müssen lernen, unbefangen und unkonventionell darüber zu reden, was wir tun und was es für den Partner zukünftig zu tun gibt

Das bedeutet: Wenn ich heute hergehe und dem Interessenten sage, ich sei „Einkommensdesigner" oder „Lifestylearchitekt", dann führt das – wenn es gut läuft – dazu, dass ich seine Aufmerksamkeit habe, weil er so was noch nie gehört hat. Wenn es sehr gut läuft, fragt er/sie nach, was damit gemeint sei und was das denn zu bedeuten habe.

Bei der Pitch geht es um Aufmerksamkeit. Der eigentliche Prozess des Rekrutierens beginnt mit ihr erst richtig

Worüber ich mir nun aber im Klaren sein muss: Der eigentliche Job, nämlich der Prozess des Sponserns oder Rekrutierens, geht damit erst einmal richtig los. Nun brauche ich nämlich das richtige „Follow-up" oder Wording, um dem Interessenten auch zu erklären, was so ein Einkommensdesigner eigentlich macht.

Kurz gesagt, wir müssen lernen, unbefangen und unkonventionell darüber zu reden, was wir tun oder was es zu tun gibt.

Nämlich so oder so ähnlich:

🗨 *Ich bin Einkommensdesigner.*
🗨 *Äh – hört sich spannend an. Was ist das ...?*

Das „Follow-up" nach einer Pitch

Hier als Antwort eine unserer Beispielpitches von oben (Seite 29):

🗨 *Schon seit Längerem beschäftige ich mich mit dem Thema Erfolg und alternativen Einkommensmodellen. Ich habe beschlossen, auch andere an meiner Erfahrung teilhaben zu lassen, und baue im Moment ein Team von Menschen auf, die noch Ziele im Leben haben und die sich mit Spaß und bei freier Zeiteinteilung einen tollen Zusatzverdienst sichern möchten.*

🐾 *Hab ich ja noch nie gehört, und was macht man da so ...?*

Hier könnte es weitergehen mit:

1 *Ich bin quasi Unternehmer ...*

2 *... unter dem Dach einer international agierenden Firma ...*

3 *... wir arbeiten im Bereich der gesunden Lebensführung. Unsere Themen sind gesunde Ernährung, Prävention und Happy Aging ...*

4 *... ich hab mir gedacht, ich rede einfach mal unverbindlich mit dir ...*

5 *... über einen genialen Zusatzverdienst ...*

6 *... wir casten/suchen nämlich im Moment noch Leute, die in Zukunft auch andere Menschen über die Vorteile einer gesunden Ernährung und Lebensführung aufklären und mittelfristig im Bereich Teambetreuung und Coaching für uns tätig*

sind. Das Ganze funktioniert bei freier Zeiteinteilung und bei sehr guter Bezahlung. Wie hört sich das an ...?

An diesem Beispiel erkennen wir, wie einfach es eigentlich ist, und wir erkennen auch, dass es Standards sind, die hier ablaufen. Das Intro ist eine ganz allgemeine Umschreibung, die für fast jedes Network oder jeden Strukturvertrieb passen sollte. Und die Punkte 1 bis 6 habe ich oben ebenfalls schon erklärt („Bausteine für Ihre Pitch", Seite 24). Unter dem Strich muss man sagen, dass es darum geht, mit Leib und Seele „Maularbeiter" zu sein. Wir müssen schlicht und ergreifend etwas zu erzählen haben über das, was wir tun.

Keine Hexerei – hier wird mit Routinen und Standards gearbeitet!

Ich komme zu dieser Erkenntnis, weil ich festgestellt habe, dass in den vielen Kontakt- und Sponsorgesprächen, die ich geführt habe, immer nur einige wenige Punkte entscheidend waren:

- das Gespräch zu starten
- Interesse zu wecken
- das Gespräch am Laufen zu halten und Sympathie zu wecken
- einen interessanten Dialog aufzubauen
- motivbezogen zu argumentieren
- abzuwarten, wie der Interessent reagiert, und situativ eine Entscheidung herbeizuführen.

Punkte, die in Kontakt- und Sponsorgesprächen entscheidend sind

Jedenfalls ging es nicht darum, dem Gesprächspartner nur ein Wort an den Kopf zu werfen oder
einen auswendig gelernten Satz zu platzieren und
dann zu warten, dass man eine positive Reaktion
bekommt.

Beispiele für themen- und branchenbezogene Pitches

1 Konsumentennetzwerk:

💬 *Ich bin nebenberuflich selbstständig und arbeite mit einem neuartigen Geschäftskonzept. Wir vernetzen Privathaushalte zu starken Einkaufsgemeinschaften und erwirtschaften massive Vorteile und Rabatte für Verbraucher, indem wir den Einzelhandel komplett umgehen.*

2 Wellnessbereich:

💬 *Ich bin selbstständiger Unternehmer im Wellness- und Anti-Aging-Bereich und deutschlandweit unterwegs in Sachen Personalaufbau und Recruiting. Wir machen auch sehr viele Vorträge zu diesen Themen. Insbesondere wie man durch gepflegtes Auftreten, Persönlichkeit und eine positive Ausstrahlung Anerkennung im privaten Umfeld und berufliche Chancen massiv steigern kann.*

3 Schmuck:

💬 *Ich bin Unternehmerin in der schönsten Branche der Welt: Ich arbeite für einen namhaften Schmuck- und Kosmetikkonzern. Wir machen Schmuckpartys und Vorträge darüber, wie man durch den gekonnten Einsatz von Accessoires seine Außenwirkung massiv erhöht und sich somit beruflich und privat viel besser in Szene setzt.*

4 Geldgeschäft:

🗨 *Ich bin Unternehmer im Geldgeschäft. Wir machen lokale/regionale/überregionale Vorträge zum Thema finanzielle Intelligenz und darüber, wie man in der heutigen Zeit aus einem Euro drei macht, und das mit massiver staatlicher Unterstützung.*

5 Nahrungsergänzungen:

🗨 *Ich bin selbstständig in der Lifstyle-Industrie. Meine Themen sind gesunde Ernährung, Verbesserung der Leistungsfähigkeit und alternative Berufswege/Geschäftskonzepte im 21. Jahrhundert! Ich bin für mein Partnerunternehmen unter anderem auch international als Referent zu diesen Themen eingesetzt.*

6 Energy-Drinks:

🗨 *Ich bin Lifestylebotschafter und arbeite in einem Unternehmen mit Schwerpunkt Health and Nutrition. Wir vermarkten im großen Stil Softdrinks mit leistungssteigernder und gesundheitsfördernder Wirkung in Kombination mit einer lukrativen Einkommensmöglichkeit für jedermann. Würden dich die Themen Lifstyle, Leistung, Geldverdienen interessieren?*

Beispiele für personen- und typenbezogene Pitches

1 Hochwertig/geschäftsmäßig gekleidete Persönlichkeit:

🗩 *Wissen Sie, der Grund, warum ich Sie anspreche, ist folgender: Ich bin selbstständiger Unternehmer. Ich bin im Vertrieb tätig und habe immer ein Auge auf außergewöhnliche Persönlichkeiten aus dem Wirtschaftsleben. Sagen Sie, sind Sie im Moment offen für ein gutes geschäftliches Angebot? Wäre es interessant für Sie, nebenbei noch etwas dazuzuverdienen oder beruflich mal über den Tellerrand hinauszuschauen?*

2 Gut aussehende/gekleidete/geschminkte Frau:

🗩 *Hallo, ich hätte eine kurze Frage an Sie! Ich habe Sie schon von Weitem kommen sehen und wollte Ihnen mal ein Kompliment machen. Mensch, Sie sind so toll gekleidet, da habe ich mich gleich gefragt, was eine junge, dynamische Lady von Ihrem Format wohl beruflich macht. Sind Sie im Kosmetik- oder Beautybereich tätig oder machen Sie eher was mit Mode ...?*

3 Sportliche/gut trainierte Persönlichkeit:

🗩 *Hallo, kurze Frage an Sie! Mensch, Sie wirken dynamisch und sind gut in Form, ich konnte Sie einfach nicht vorbeigehen lassen!☺ Darf ich fragen, was denn jemand, der so sportlich unterwegs ist, beruflich macht? Ich war mir ehrlich gesagt nicht sicher: Sind Sie vielleicht Personal Trainer oder eher Sicherheitsmann/Personenschützer? Lieg ich da richtig ...? – Sagen Sie, sind Sie im Moment offen für ein gutes geschäftliches Angebot? Wäre es interessant für Sie, nebenbei noch etwas dazuzuverdienen oder beruflich mal über den Tellerrand hinauszuschauen?*

4 Student:

🗩 *Ich bin Personalverantwortlicher der Firma ..., und wir expandieren gerade hier in der Region. Wir stocken derzeit die Zahl unserer Geschäftspartner auf, weil wir im letzten Jahr enorme Umsatzzuwächse hatten, wir arbeiten nämlich im Markt für ... Sagen Sie mal, junger Mann, wären Sie interessiert daran, das Know-how, das Sie im BWL-Studium erworben haben, einem Praxistest zu unterziehen und Ihren persönlichen Marktwert in der freien Wirtschaft zu testen? Das Ganze bei freier Zeiteinteilung und außergewöhnlich guter Bezahlung?*

Pitches für alle Fälle

Abschließend noch einige weitere, allgemeine Varianten für Elevator-Pitches, die ich im Laufe der Zeit gehört, gesammelt und für gut und ausgesprochen praktikabel befunden habe. Sehen Sie diese Möglichkeiten wie einen bunten Blumenstrauß, aus dem Sie sich je nach der Person, mit der Sie sprechen, situativ die passende Pitch herauspicken können.

1 *Es geht um die Möglichkeit, ein Einkommen aus internationalen Quellen vom heimischen Schreibtisch aus zu generieren/aufzubauen/zu erzielen.*

2 *Wir schulen Menschen in Bezug auf die wichtigsten drei Gs des Lebens und optimieren Lebensläufe in den Bereichen Gesundheit, Geld und gute soziale Kontakte.*

3 *Wir machen so was Ähnliches wie Payback: Wir geben Menschen die Möglichkeit, ihre Einkäufe in Einkaufsgemeinschaften zu tätigen, aber erstatten bei entsprechendem Einkaufsvolumen keine Punkte, sondern Cash.*

4 *In Bezug auf Renten und Gesundheitsvorsorge entlasten wir den Staat heute schon von einer*

„Wir geben den Menschen
eine Möglichkeit,
das zu **verdienen,**
was sie **wirklich wert sind,**
und **nicht das,**
was ihnen **von anderen
bezahlt** wird"

Verantwortung, die er in 20 oder 30 Jahren gar nicht mehr selbst übernehmen kann. Man könnte auch sagen, wir sind Spezialisten im Bereich Zukunftssicherung.

5 *Wir zeigen den Menschen einen Weg, wie sie in ihrem Berufsleben nicht Zeit gegen Geld tauschen, sondern wie sie durch intelligente Einkommenskonzepte am weltweiten Bruttosozialprodukt partizipieren.*

6 *Wir geben den Menschen eine Möglichkeit, das zu verdienen, was sie wirklich wert sind, und nicht das, was ihnen von anderen bezahlt wird.*

7 *Wir zeigen Menschen das planmäßige Vorgehen, um wirksamer vom Zufall getroffen zu werden.*

8 *Wir zeigen den Menschen, dass das Leben mehr zu bieten hat als den Tausch von Zeiteinheiten gegen Geld.*

9 *Wir zeigen Menschen, wie sie ihr berufliches Hamsterrad gegen persönliche Freiheit und Wohlstand eintauschen können ...*

10 *Wir geben den Menschen keine Fische, um ihnen den Hunger zu stillen, sondern wir lehren* sie das Angeln, damit sie sich künftig selbst versorgen können.

11 Wir zeigen Ihnen, wie am Ende des Geldes nicht immer noch etwas vom Monat übrig ist, sondern am Ende des Monats noch etwas vom Geld.

12 Wir helfen Menschen, schon heute ein wenig in ihre Gesundheit zu investieren, damit sie später nicht durch ihre Krankheiten arm werden.

13 Wir zeigen dir, wie du in harten Zeiten mit einem smarten Businesskonzept zu mehr Freiheit und Wohlstand kommst.

14 Wir steigern die Frauenquote in der Wirtschaft, ohne die Männer um Erlaubnis bitten zu müssen ...

15 Wir bieten ein Geschäftsmodell, das es ermöglicht, bisher fehlende finanzielle Mittel bei der Existenzgründung durch Eigenleistung zu kompensieren/ersetzen.

16 Wir geben Menschen die Möglichkeit, kostenfrei an Seminaren zur Persönlichkeitsbildung teilzunehmen und nebenbei noch etwas für ihren Geldbeutel zu tun.

17 *Ich zeige dir, wie du dir ein Einkommen aufbauen kannst, das unabhängig von eigener Arbeitsleistung funktioniert.*

18 *Wir zeigen Menschen, wie sie in Zukunft nicht mehr im „System" arbeiten, um am Ende von Almosen zu leben, die sie selbst eingezahlt haben.*

19 *Ich zeige dir, wie du ein Luxusauto zum Nulltarif fahren kannst. (Für Networker mit Autoprogramm)*

20 *Wir vertreiben Produkte, die Sie nicht mehr bekommen können, wenn Sie sie am dringendsten brauchen ...*

21 *Wir suchen Menschen, die mit ihrem bisherigen Einkommen nicht auskommen.*

22 *Wir zeigen Menschen, wie sie beim Einkaufen sparen und sich damit eine goldenen Nase verdienen.*

23 *Wir machen Menschen finanziell erfolgreich, indem wir uns erfolgreich um ihre Finanzen kümmern.*

24 *Wir machen Menschen sauber erfolgreich, indem wir erfolgreich sauber machen ...*

25 *Wir machen Menschen schön erfolgreich, indem wir andere erfolgreich schön machen.*

26 *Wir verschaffen Menschen ein gutes Gefühl der Sicherheit, indem wir ihnen zeigen, wie sie das gleiche Gehalt wie im Hauptjob nebenbei dazuverdienen, mit circa der Hälfte an Zeitaufwand.*

27 *Wir sind eine Gemeinschaft von Menschen, die sich zum Ziel gesetzt haben, drei Jahre lang so hart zu arbeiten, wie niemand arbeiten möchte, um dann ein ganzes Leben lang so zu leben, wie jeder gerne leben würde.*

28 *Wir zeigen den Menschen die entspannteste Art einzukaufen – und wie sie bei dem Ganzen noch gutes Geld verdienen ...*

29 *Wir verschaffen mehr Zeit, mehr Geld, mehr Leben ...*

30 *Wir sind ein Netzwerk von Menschen, die sich zum Ziel gesetzt haben, anderen Menschen die Idee näherzubringen, wie man mehr wollen will und weniger müssen muss ...*

31 *Wir bieten zufriedenen Menschen einen Plan B – und zwar schon in der Zeit, in der ihr Plan A noch bestens funktioniert ...*

Was Sie noch beachten sollten

Last but not least sei an dieser Stelle abschließend noch eines besprochen. Im engen Zusammenhang mit der Frage nach einer guten oder gar perfekten Elevator Pitch kommt auch immer wieder das Thema Bieterstatus zur Sprache: Wie bringe ich es fertig, dass der Angesprochene die Wertigkeit meines Angebotes erkennt und ich eher den Eindruck mache, dass ich eine Chance biete, als dass ich auf seine Mitarbeit angewiesen bin?

Was soll ich dazu sagen? Der echte Bieterstatus ist allein durch Worte schwer zu erreichen. Die Rhethorik, das richtige Wording und entsprechende Argumentation sind nur die eine Seite der Medaille. Die richtigen Dinge zu sagen und die Pitch im Bieterstatus zu formulieren wird nämlich umso mehr gelingen, je mehr Menschen man anspricht. Das heißt, dass das „Funktionieren" einer guten Pitch aus psychologischen Gründen zu mindestens 50 Prozent davon abhängt, wie viele Menschen man mit seiner Pitch kontaktiert.

> Das „Funktionieren" einer guten Pitch hängt davon ab, wie viele Menschen man damit kontaktiert

Zum besseren Verständnis ein Beispiel. Ich habe eine Kundin, der war es besonders wichtig, auf ihren Termin bzw. ihr Telefonat, das sie in der darauffolgenden Woche führen wollte, gut vorbereitet zu sein. Sie schilderte mir ihr Anliegen und bat mich, ihr zu helfen, für dieses eine, spezielle Telefonat eine besondere Pitch zu kreieren, weil sie diesen Interessenten unbedingt für ihr Geschäft gewinnen wolle. Mehr noch, sie sagte mir, das müsse zwingend funktionieren, weil dieser Kontakt so wichtig sei.

Schlussendlich habe ich das auch getan und ihr eine passende Pitch kreiert. Aber, unter uns gesagt: Ich weiß bei solchen Aussagen und solch hohen Erwartungen aus Erfahrung vorab schon eines: Das kann und wird mir großer Sicherheit nicht funktionieren.

Wenn alles auf eine Karte gesetzt wird, steht dahinter eher Krampf als Freude. Man ist eher „Drücker" als Bieter, weil alles von diesem einen Kontakt abhängt und der Angesprochene förmlich riechen kann, dass man von ihm abhängig ist.

Eine gute Pitch ist also immer darauf angewiesen, dass man sie kontinuierlich zehn, zwanzig oder dreißig Mal pro Woche vorträgt. Wenn das nicht geschieht, garantiere ich Ihnen, dass die beste Pitch nicht funktionieren wird. Andererseits mutieren weniger gute Pitches zu Top-Pitches, wenn die Quantität und Schlagzahl der Gespräche ansteigen. Verrückt, aber interessant! Oder?

Weniger gute Pitches mutieren zu Top-Pitches, wenn die Quantität und Schlagzahl der Gespräche ansteigen

Und noch was. Ich habe in der letzten Zeit mit vielen Networkern gesprochen, die von sich

behaupteten, dass sie „Einkommensdesigner" wären, aber, mit Verlaub, als Persönlichkeit auf mich gar nicht diesen Eindruck gemacht haben. Auch bin ich mit Kollgen/innen in Kontakt, die erklären, dass sie Millionärslehrlinge ausbilden, aber selbst jeden Monat damit zu kämpfen haben, ihr Girokonto in den Haben-Bereich zu bewegen.

Eine Pitch, und das möchte ich damit zum Ausdruck bringen, sollte auch ein wenig zur Person des Networkers und zur jeweiligen Situation passen. Wie gesagt, auch ich bin grundsätzlich der Meinung, man solle sich nicht unter Wert, ja, besser noch, so teuer wie möglich verkaufen. Allerdings gibt es Menschen, bei denen sind die Inkongruenzen zwischen dem, was sie sagen, und dem aktuellen Status quo so groß, dass solche Pitches eher Mitleid erzeugen als Aufmerksamkeit.

Eine Pitch sollte zur Person des Networkers und zur jeweiligen Situation passen

Andererseits habe ich einen Bekannten, der ist einer der besten Vertriebler, die ich jemals kennenlernen durfte, und von der Persönlichkeit her ein richtiges Alphatierchen. Seine neueste Pitch ist die, dass er jedem Interessenten, egal ob im Kontakt- oder Sponsorgespräch, sagt, er sei der „Robin Hood der Neuzeit", was an sich ziemlich witzig rüberkommt, aus seinem Munde aber durchweg massiven Eindruck und Begeisterung weckt!

Das Optimum wäre, wenn Sie Ihre Pitch **so lieben** und derart dahinterstehen, dass Sie förmlich **eins mit ihr werden**

Also, die Pitch sollte ein wenig zu Ihnen passen – und, was noch viel wichtiger ist: Sie müssen sich mit ihr zu hundert Prozent identifizieren können. Nur dann wird sie Ihnen flockig von den Lippen gehen, denn das ist es, worauf es in der Praxis ankommt. Das Optimum wäre, wenn Sie Ihre Pitch so lieben und derart dahinterstehen, dass Sie förmlich eins mit ihr werden.

Sie müssen sich mit Ihrer Pitch zu hundert Prozent identifizieren können

In diesem Sinne wünsche ich Ihnen maximale Erfolge beim Geschäftsaufbau – und denken Sie immer daran: Pitch dich selbst, sonst pitcht dich keiner!

Ihr REKRU-Tier
Tobias Schlosser